GALOS; Z J

DIE VIVENOT ELEGIEN

Den murmelnden Bach entlang

Lyrik

Impressum

Bibliografische Information der Deutschen
Nationalbibliothek:
Die Deutsche Nationalbibliothek verzeichnet diese
Publikation in der Deutschen Nationalbibliographie;
detaillierte bibliographische Daten sind im Internet
über http://dnb.dnb.de abrufbar.

©2022 GALOS, Z J
©2022 ZG-ART/Zeichnungen
Herstellung und Verlag: BoD – Books on Demand,
Norderstedt

ISBN: 9783754383735

Blick in Richtung Vivenot-Weg

Prolog

Ursprünglich, von der ersten Erkenntnis einer Sehnsucht nach einer Wiederkehr in seine Heimat, wurde der Poet von R M Rilkes *‚Duino Elegien* inspiriert, die er auf dem Laptop eines Freundes entdeckt hatte.

Nach einem angemessenen und interessanten Leben im Süden Afrikas, hat der Poet, mit einigen Ausstellungen in Athen, seine Innerlichkeit mit Wort und Pinsel Ausdruck verliehen.

Durch Umstände gezwungen, verließ er ein Land der Naturwunder von Meeren umgeben und die eindrucksvollen Höhlenmalereien einer großartigen künstlerischen Kultur der San-Menschen.

Zu gegensätzlich-schmerzhaften Ereignissen war die Grundlage von Poesie und Kunst des Poeten und Künstlers ein Heilverband für seine Wunden, als er nach Europa zurückkehrte.

Er fand mit seiner Partnerin Ruhe in der ländlichen Atmosphäre in der Nähe Wiens.

Er trifft auf verschiedene Kulturen durch Menschen die ihm unter die Arme greifen und ihm Ausstellungen seiner Kunstwerke ermöglichen, Gesprächspartner die ihn ermutigen, seinen kreativen Arbeiten Anerkennung zollen, und Künstler und Künstlerinnen die ihn inspirieren.

Das Murmeln des Weidlingbachs, während regelmäßiger Spaziergänge, erweckte viele Erinnerungen, so sehr, dass seine Fantasie wie im Flügelflug angeregt wurde: Ereignisse von Afrika, Europa, Reisen, Abenteuer, Freunde, Musen und Liebe vermischten sich zu einem virtuellen Panoptikum.

1.

Wasser Weg

Wenn ich an dieser Ecke

Wasser Weg genannt

durch eine physische Erschöpfung

einem Kollaps zum Opfer fiele

am Abstieg zu einem

murmelnden Bach

in einem idyllischen

vergessenem Dorf

wer würde mich finden?

Wer käme zu meiner Hilfe?

Der Venus-hüftige Engel vom

lokalen Info-Büro

auf einem veralteten Bahnhof?

Oder die feingesichtige Bibliothekarin

im kontemp-Museum für moderne

Kunst?

Der Partner der kuriosen Nachbarin

der ihre Hündin spazieren führt

oder der blass-gesichtige

schlaksige Sohn

der mit einem Satz Kopfhörer

spazieren geht

so wie ich?

Ein schmaler Pfad von dem

unteren Teil des Lebens

zur oberliegenden Hauptstraße

hohes Gras auf beiden Seiten

wie ein Blumenbett auf

einem Grab

ein Bett zum wohlfühlen

auf dem Asphalt verdunkelt

durch kurze Regenschauer.

Leise/ Stille/ Barockmusik.

Violine/ Violoncello.

In einem frühen Abend

wolkige graue Streifen

von Rosa.

Der Ruf des schläfrigen Abends

am Ende des achten Monats

wenn alle zum Abendessen sitzen

TV/ Laptop/ Handy-Aktivitäten

Und ich will meinen Schmerz

in einer anderen Zeichnung

herausschreien

einem neuen Porträt des Zufalls

einem Punkt von Farbe

aus dem ich das Gesicht einer

Muse wachsen lasse

aus einer verblassenden

Erinnerung.

2.
Spätabends bei Top 5

Ein gemeinsamer Hof

spätabends bei Top 5

der Hof von Nr.35 und 37

abseits des wahnsinnigen

Verkehrsflusses

auf der Hauptstraße Weidling

wo ein schweres Zugangstor

entfernt wurde

für einfachen Zugang:

Autos für den Stachanow-Mechaniker

einst eine Barriere gegen Pfeifgeräusche

des wachsenden Durchgangsverkehrs

beim vorbeirasen

im kollektiven Ohr des Hofes.

Der Poet sitzt an seinem Tisch

in einer rechteckigen Küche

und malt ein Journal von

Tag-und Nachtträumen.

Hört sich Cool-Jazz an –

Miles Davis von 1940
als der Poet seine ersten Töne
wahrnahm
nach seiner Geburt.
Black & White.
Rauchige Poems und die goldene
Trompete.
Jive Talk und neue Sounds
sanft zu spielen
braucht es einen neuen
Dolmetscher
um ein gutes Poem zu schreiben –
Du musst noch cool sein.

Genauso wie Malerei
Mit einer neuen Art von Ausdruck
Mit einem neuen Ansatz.
Die Geburt des Cool.
Geburt des mystischen Realismus.
Geburt der zeitgenössischen Kunst
präsentiert von einem Künstler
im freien Ausdruck

Geräusche die sanft oder hart

ausatmen

während jeder Nacht.

Der gegenüberliegende Nachbar

des Poeten

der jede Nacht Mitternachtsöl

verbrennt

das auf seine Manuskripte

leuchtet

ordentlich gestapelt

in wanddeckenden Regalen.

Diesem Poeten hier auf 35/5

Ist es noch nicht gelungen

es sich zu leisten und zu

installieren

aber er arbeitet darauf hin:

Bücher vom Boden bis zum

Schreibtisch unterzubringen

und darüber ein quadryptich

auf Leinwand

der Entwurf bereits gefertigt:

LOVE'S SWEEP – COOL ART.

Hipster Age. Beatnik Age.

Zeit der Revolte

in der Kunst des Existierens

noch mehr so im

reifen Alter.

*

3.
Überraschungen des Lebens

Die Überraschungen des Lebens

haben die Kette der kleinen

eintönigen Nahrungslinien

verbessert

durch das entdecken eines

Sozialmarktes

in der Nähe der bekannten

Nahrungsketten

der größeren Spieler

die SOMA sponsern –

wo Tausende von sozial

Benachteiligten

diesen einzigartig marktgeführten

Laden aufsuchen

für Grundnahrungsmittel

plus einer angemessenen Vielfalt

von Produkten:

Milch/ Gemüse/ Früchte –

gerade noch vor, zum und nach

dem Verfallsdatum

zu einem erträglichen Preis –

Süßigkeiten/ Kekse/ Vitamingetränke

dirigiert zum Kommando von Frau R

aber sie zeigt auch ein weiches Herz

in ihrer gehärteten Schale.

Sie offeriert dem Poeten

eine gebrauchte Kaffeemaschine

herrlicher Filterkaffee für den Dichter

um wach zu bleiben

da er tagein und tagaus an seinem

80 x 100 cm Arbeitsplatz sitzt.

Für seine Partnerin wird es viele

Tassen pro Tag bedeuten

um ihren Kopf von permanenten

Schmerzen zu lindern.

Der Poet ist erfreut vom Sozialmarkt

zurückzukehren

nur einige Münzen verbraucht

zu haben und auch an der Fahrt

mit dem Bus zu sparen

als er entlang des begangenen

Pfades eilt

sich von einer belebten

Kreuzung zu ducken

entlang einer Serie von

Fußgängerzonen

die sich entlang des

Weidlingbachs mäandern

zum Zentrum des Ortes

dominiert vom Zwiebelturm

einer barocken Kirche

einer lokalen Halle

wo ein Museum/ ein Arzt/

Toiletten

und am wichtigsten noch –

eine kleine Bibliothek sich

befindet

wo der Poet in mir

einige Bücher über Lyrik/

Romanzen/ Abenteuerromane/

Liebe und Reisen/ sogar

englische Bücher/ Kurzgeschichten.

Den ganzen Weg entlang

Hört das Kind in mir Musik

mit Kopfhörern verbunden

zu meinem Mobiltelephon

manchmal ein Hörspiel

wiederholte Nachrichten

Matinatta - gesungen von einem

kraftvollen Tenor

ist er nicht bekannt von den

Salzburger Festspielen?

Was für eine Stimme!

Der Tenor in mir singt mit

hebt mich zu den wandernden

Wolken empor

über den Poeten in mir

über den Künstler in mir

über meine sterbliche Hülle

hoch über sorgfältig angelegte

Weinberge fliege ich

über traditionelle Gebäude

im Art-Deco

und sezessionistischen Stilen

einem reichen kulturellen Erbe

und über Brücken des sich

windenden Baches

über kleinere zusammenfließende

Bäche in den größeren Bach

nahe des Ortes bei der berühmten

Villa am Brunnenpark

mit seiner Springbrunnenfigur

Skulpturen auf der dekorierten

Fassade.

Über die andere Straße zu der engen

Ortsstraße

Die sich durch das Nadelöhr bei der

historischen Kirche zwängt

über die Straße Nikolaus Lenau

gewidmet

einer meiner Lieblingsdichter

nicht weit von hier begraben

und über den Vivenotweg am Bach

entlang des hübschen Weges

mit der letzten Steigung –

Schredergasse genannt

zum Eingang mit dem

fehlenden Tor zum Hof.

Frau mit Hund im Fenster zum Hof

4.
Die Aussicht

Zwischen dem Blick –

eingeschränkt durch die Breite

des hohen Fensters

vom Arbeitstisch des Poeten

und der Erweiterungen seiner

Perspektive

entlang des mäandernden

Weidlingbachs

gehe ich täglich für eine

Bewegungsübung

zur selben Zeit

mit der der gleichen Schrittart

und Schnelligkeit

auf dem hellgrauen Asphalt

desselben Weges

aber jedes Mal mit verschiedenen

Gedanken

die einige vertraute überkrusten

die sich mit dem kontinuierlichen

Gemurmel des Baches vermengen

Inmitten seinem umsäumten

üppigen Grün

unter Steinmauern gepflegter

Anwesen

über Brücken zugänglicher Häuser

vorbei an zwei riesigen wilden

Kastanienbäumen

Wo frische sorgfältig geschnittene

Stümpfe ihr beendetes Leben

gegenüber Haus 21 –

wo ein golden Girl mit schulterlangen

Haaren plötzlich hinein verschwand

an einem Dienstagnachmittag

zu meiner Gehzeit

und jeden Tag halte ich Ausschau

nach ihr

aber da es heute Freitag ist

muss ich wohl bis Dienstag warten

sie um ein Gespräch zu bitten

und meine Partnerin nennt mich

einen Schüler Kants

aber jetzt sind es kernlose Trauben

aus Griechenland

die sie wollte dass ich sie nach

Hause bringe

einige koste ich/ hmm

sie könnten ihre Schmerzen

lindern.

Vielleicht.

Ich bevorzuge allein nach Wien

zu fahren

ein paar Schuhe zu kaufen

einige Geschäfte aufzusuchen

da ich immer weiß was ich will

aber auch

um ermüdende Diskussionen

über Geschmack

und eine Aufregung über andere

emotionale Probleme zu vermeiden

die wir zur Sprache bringen

weil wir beide uns're eigene Sache

machen wollen

unsere oft entgegengesetzte Sache

für unsere Projektion eines zukünftigen

Lebens.

In einem ganzen Leben zusammen

sind wir uns trotzdem nahe

doch bewusst geistig und körperlich

weit auseinander leben wir

mit uns'rem unterschiedlichen

Geschmack

unseren gegensätzlich bevorzugten

Farbschemata

in der Weise wie wir mit unseren

Prioritäten leben

für sie durch die Stimmung der Mode

bestimmt

für sie: der Fashionista.

Für mich/ Poeten/ Schriftsteller/ doch

ein Serpentinenweg verbleibt

der mich zu meinem Ziele führt

meine Kunst auf Webseiten zum

Verkauf anzubieten

lade meine Novellen auf

Online-Publication-Sites.

Während bis auf diesen Tag –

Seit Ana gezwungen wurde
diesen blauen Planeten zu verlassen
hat sonst fast niemand viel Notiz
genommen:
von dem Poeten ZZ in mir
noch von dem Künstler ZG
die beide auf einer anderen
Bewusstseinsebene vorwärts
streben
abgesehen von einigen Freunden
in Hellas/ Wien/ Mexico
und auch in den USA
trotz zahlreicher Veröffentlichungen
obwohl ich aufgeschrien habe
zu meinem Schutzengel
und zur Göttin des kommerziellen
Erfolges.
Aber als man verliebt war
war Aphrodite großzügig
und freundlich.
ICH SCHREIBE AUS LIEBE.
Ich male: LIEBE & KUNST.

Ich schreibe:

APHRODITE BEHINDERT

BUCH I-V

warte auf weitere Ersparnisse bis

Ende September

kaufe einen ‚Travelmate-Laptop'

poste online weiterhin die Früchte

meines kreativen Geistes.

*

5.
NEMA.AMEN

Diesen Morgen/ Samstag

30.-er August

ununterbrochener Regen

von Weidling bis Fünfhaus.

Bus zur U-Bahn

beende meine Fahrt bei

PK-Schuhreparatur –

geschlossene Türe.

Warte in einem geschützten

Eingangsportal nebenan.

Rufe PK an –

der hat verschlafen.

Ein paar Schuhe

sehr gut repariert

in meiner Reisetasche

zurück mit der 58-er Tram.

Nasse Hosen/ riechende

Regenmäntel/ saurer Regen

brennt im Gesicht.

U6 nach Spittelau/ verpasste

die richtige U4

musste die Züge wechseln

bei der folgenden Station.

Heiligenstadt in guter Zeit

für den Bus 238 nach Weidling

und am Rücksitz: Elena!

Beste Köchin in diesem Teil

der Szene.

Setzte mich ihr gegenüber

wir unterhielten uns

wir lachten

wie Kinderlieblinge in einem

Märchenbuch.

Ausstieg/ Station Weidling

wo wir zur 241-Bus Station

gingen

und uns weiter unterhielten

bis der Bus endlich kam.

Servus Elena!

Ich ging zum Kreisverkehr

zurück und weiter parallel zu

den Zugslinien

eine Stahlleiter hinauf auf die

Ebene der vier großen

Marktläden

dem grauen Gebiet für leichte

Industrie

die Kapuze hoch gegen den Regen

Richtung SOMA

sprach zu Frau R die sich erkundete

ob die Kaffeemaschine funktionierte

die sie mir letzte Woche verkaufte

und mir meinen SOMA-Pass

ausfertigte und betonte:

Nur eine Visite pro Woche/ damit

die Gierigen und Opportunisten

eingeschränkt werden.

Ich kaufe mein übliches ein

ZZ/ der Mensch der versucht

am Leben zu bleiben

ZG/ der Künstler der Pinsel und

Leinwand braucht

Und ZJG/ der Poet der einen Laptop

benötigt

um seine Arbeiten zu publizieren.

ZZ nimmt eine Süßigkeit

oder zwei

und denkt dabei an einen Freund

der immer da ist zu helfen

eine schöne Frau

reif wie eine Birne

eine freundliche Frau

Mutter

potentielles Modell

sicherlich eine leidenschaftliche

Liebhaberin.

Vielleicht nächstes Mal.

Eine Box mit Süßigkeiten

für die angehende Kunstkuratorin

beim nahe gelegenen Museum.

Wer weiß

vielleicht zeigt sie meine Kunst

in Zukunft auf einer ihrer

Ausstellungen.

Ich suche sie auf und sehe

ob sie in der Stimmung zum

Tanzen ist

könnte mir keine Sorgen machen

wenn sie eine Liaison mit einem

Freund hat.

Dank ihres Interesses

werde ich motiviert sein

Werke zu schaffen

die sich von dem unterscheiden

was ich bis heute gemacht habe.

Ich werde eine Muse brauchen

für mehr Motivation/ Freundschaft

Liebe/ und für die Sucht eines

Künstlers.

Seit ich Elena erneut getroffen habe

sinniere ich:

wenn ich die U4 nicht in die falsche

Richtung genommen hätte

würde ich dann Elena am Bus in

Heiligenstadt/ 10:30/ getroffen

haben? Nein!

Tatsächlich nicht.

Gesetz der Kausalität
und sogar noch mehr:
das Schicksal hat mir gezeigt dass
sie ein feiner Mensch ist/ menschlich
warm.
Welcher Kontrast zu meiner
Partnerin!
Aber sie hat einen anderen Aufbau
ihres anfänglichen Lebens hier.
Nach fünf Monaten
als sie bekannt gab
noch immer unverheiratet zu sein
am Tag als meine Partnerin und ich
eine Auseinandersetzung
mit wütendem Vokabular hatten
wurde mir klar dass ich es besser
geschafft hätte
in der Welt der sozial Verwundeten
Fuß zu fassen
als meine Partnerin es auch hatte
und Elena hatte dies sofort erkannt
und wunderte sich über sie

die sich eines Tags freundlich benahm

um am nächsten Tag wütend zu sein.

Elena wunderte sich warum

meine Partnerin, Ara, körperlich

abgemagert war

und ich sagte ihr dass Ara 25 kg in den

letzten sechs Monaten verloren hatte

außerdem ihr Metabolismus so sehr

empfindlich ist

da sie auf einer strikten Diät

wegen ihrer nervösen Kondition ist:

Ara muss sich über sich selbst ärgern –

Ich sinniere weiter/ sage aber Elena nur

im Allgemeinen warum Ara sich so

benimmt und warum sie wie ein

Zündholz aussieht.

<Was machst du?>Elena ist neugierig.

Ich male/ zeichne/ und bereite mich

auf eine zukünftige Ausstellung vor.

Elena scheint um mich besorgt.

<Außerdem suche ich nach einem

Laptop

aber kann dafür erst im nächsten

Monat zahlen>

<und was kostet der Laptop?> fragt sie mich

<über 700 Euros> erwidere ich.

Dies sind Fragmente unserer letzten

Konversation

an die ich mich erinnere

als ich im trommelnden Regen

auf den umgebauten SOMA-Container

zugehe

in der Nähe von den vier Lagerhallen

der großen Markthandelsketten.

Wenigstens konnte ich für die

kommenden zwei Wochen einkaufen

außer für Brot und Kuchen

die ich nächste Woche holen werde.

Danke Frau R/ danke Herr P/ sage ich

und verpacke die Lebensmittel

in einen Plastiksack

damit sie nicht nass werden.

Verdammt! Ich muss zu Fuß weiter

und noch auf den Bus warten.

Hat Amed nicht erwähnt

dass man für einige Busstationen

eine Schwarzfahrt riskieren könnte?

Aber mit dem SOMA-Pass habe ich

Ja freie Fahrt/ aber macht nichts.

Bei gutem Wetter gehe ich immer

zu Fuß.

Es klärt meinen Kopf und reinigt

Meine Seele von dem Haufen

trivialer Agglomerationen

die Ara in Pakete schnürt

die ganze graue Woche lang

um sie auf dem Boden meines

Geistes zu entsorgen

anstatt sich umzudrehen

um meinen Körper zu wärmen

wenn sie verspürt wie Hitzewellen

durch sie pulsieren

wie sie oft nach einer Nacht mit

unterbrochenem Schlaf feststellt

von einem fahlen Mond

und den Geistern ihrer Vergangenheit

angezogen

während sie zu ungewöhnlichen

Zeiten

mit Ritualen unregelmäßiger Feiern

fortfährt.

Ich halte mich an meine regelmäßigen

Intervalle

es sei denn ich befinde mich in einer

kreativen Phase

mit ihrem pulsierenden Groove

des Kunstschaffens

mit Feder/ Bleistift/ Farben/ und

musikalischem Tanz

Kopfhörer auf und mobiles Telefon

in der Tasche

Pinsel in meiner Hand

gebeugt über Papier, á Grain'

das die Striche und fließende Farben

aufsaugt.

Außer Ana erscheint/ berührt meinen

Körper/ regt meine Seele dazu an

Immer noch das einst leidenschaftliche

Verschmelzen zu verspüren/wir
übereinander herfallen wie zwei
läufige Wildkatzen.

Die 21-tägige Pilgerfahrt entlang

Der mäandrierenden Straße der

Begierden

von geschmolzenen Lavaströmen

diese Straße der gemeinsamen

Leidenschaft

geliert in unserem Akt der

Vereinigung und schwellt weiter

und weiter/ und weiter

und will so für immer.

Amen.nemA

*

Der Elefant am Weidlingbach

6.
Sucher der Wahrheit

Elegien von einem Ort namens:

VIVENOT

haben sich an meine Fersen

angeheftet

wie neugeborene Welpen

die herumtollen mit dem

Enthusiasmus eines neuen

Lebens

zum Geruch meiner Haut

zu dem Wesen sie erwählten

ein Leben in Liebe zu verbringen.

Was hat sich verändert seit dem

ersten Mal als ich in den

verschlafenen Ort kam?

Mich entschieden hatte wie

mit den makellos angelegten

Reben zu kleiden

die in geometrisch ausgerichteten

Reihen

entlang der südlichen Hügel

gegenüber dem Dickicht des
Wienerwaldes –
bereichert mit musikalischen
Geschichten –
wie eine sanfte Brise über meine
Wangen streichelt/ eine/ die im
Labyrinth europäischer
Landschaften verloren ging.
Eine alte Flamme entdecken –
was für ein aufregendes erstes
Treffen:
wie die Liebe mit einer Jungfrau
für die ersten Male
für die man als Lieblingsmann
auserkoren wurde
einer – sagt sie – den sie nie
vergessen würde
einer – zu dem sie zurückkommen
würde
wäre sie nicht durch eine soziale
Ehe eingesperrt worden.
Egal für Gefühle – sagte der Lupus

laut in der Gesellschaft heraus
hinterhältig in seiner Kälte –
der auf einem hohen Regal lebt
Beverly Hills-Style:
was auch immer mit der Seele
geschieht. *Lupus in fabulae.*
Es macht nichts wenn du dich fürchtest
den Weg des Künstlers zu gehen.
Macht nichts wenn du aufgegeben hast
nach der Wahrheit zu suchen
sie ist zwischen den Laken gestorben
im Moment wo ZG/ der Künstler
zum ersten Mal mit dir Liebe machte
in deinem aufblühenden Leben.
Eine Träne im Portrait der Erinnerung
einer Muse.
Tränen von Simchi sind geflossen
und als ein Fluss warmer Tränen
von seiner griechischer Muse
haben sie seine Seele ertränkt.
Der Moment/ als er das erste Mal
Die Verschmelzung von Lust/ Liebe

und Verlangen gefühlt hatte

hat ihr intellektueller Hintergrund

als eine Stimme in seinem Inneren

gerufen

seine ersten Gedanken über seine

Gefühle niederzuschreiben.

Dies – der persönliche Wendepunkt

Markiert durch die Liebe von

Ana/ Alfa/ Aneta.

Seine Hinwendung zu den

Bildenden Künsten

mit Einsatz seines ganzen Wesens

von seinen Freunden und Bekannten

verspottet

von seiner Lebenspartnerin als

verrückt angesehen.

Es ist unmöglich zwei Meistern

zur selben Zeit zu dienen:

Ich sah mir diesen Künstler ZG an

der sich mit seinem integrierten

Zeichen seiner Initialen

seine künstlerische Arbeit

unterzeichnet

ein ernster Mann der gerne lacht

für Stimulierung einige Schlückchen

Raki

mit einem Künstlerfreund trinkt

einen Joint mit ihm teilt

und ihn neckt

als sie von der griechischen Polizei

angehalten werden

sich für unschuldig ausgibt

während einer Kontrolle für den Besitz

von Barbituraten/ Hanf/ Gras/ Marihuana

oder welche andere Namen noch

erwähnt werden/ oder Leute angeben

von Land zu Land

von Kontinent zu Kontinent.

Er beobachtet den Schriftsteller/ ZJG

mit dem Adlerblick

den Poeten/ ZZ mit wallendem Haar

wie ein einsamer Löwe in der Wüste

mit seinen grünen Augen

die in seinem sonnenverbrannten Gesicht

flicken

von seinen langen Wanderungen

auf Pfaden der sonnendurchfluteten

Weingärten

zu und von der nächstgelegenen

Stadt.

Er sitzt die meiste Zeit zuhause

im Eck einer kleinen Küche

schreibt ein Poem nieder

welches er während eines regulären

Wanderns konzipierte

von plötzlicher Eingebung getroffen.

Nach seinem geliebten Vorbild

hat er verstehen gelernt

sein eigenes Leben zu leben

befreit von künstlichen Apps oder

gefälschten Informationen

einem Leben nachzulaufen

das von krassem Besitz

unpersönlicher Massenprodukten

durchdrungen ist

Waren/ von seinen Kollegen

beansprucht

als höchst erfüllendes Statussymbol.

DAS WILL DAS WIRKLICHE LEBEN SEIN?

In dem Moment

wo er alle seine Sammlungen von

aufgezeichneter Musik

gedruckten Manuskripten

Büchern über Reisen

Geschichte/ Kunst/ Architektur

seinen Kleidern –

einst für so wertvoll hielt –

mit handgefertigten Schuhen

von Herrods.

Möbel aus der Zeit Königin Viktorias

die seine Partnerin gekauft hatte

über die er sich nur leicht sorgte

aber in seiner Magengrube fühlte er

eine Hitze/ die sich zu einem Glutofen

seines berstenden Zornes erhob

über den Verlust seiner Bibliothek

einschließlich aller seiner Bücher

Manuskripte/ Poeme/ seiner kreativen

Arbeiten/ seinem Apollo Fries… –

Er wurde krank

verlor an Gewicht

war dehydriert

flüchtete mit Schaum auf seinen

Lippen/ glitt er

mit einem kontinuierlichen Fall

in den plötzlichen Abgrund

krasser Armut/

aber er hatte weder sein

Erinnerungsvermögen

noch seinen kreativen Geist

eingebüßt.

<Danke großer Gott des

Künstlervolks/einer Gruppe

Dyonisier/ Sucher

der Wahrheit und Freuden.

*

7.
Dionysisches Leben

Sie surft durch die aufgerissene

Küchentür und schreit:

<Hier riecht es nach Ziege!>

Er muss lachen

< Es ist der Kaffee den du gebraut hast

er ist zu dunkel geröstet und zu lange

erhitzt>

<Unsinn> erwidert sie <Ich wundere mich

was als nächstes mit dir kommt!>

Durch die stets hart angeschlagene

Tür verlässt sie ihn wieder

nur um wieder zurückzukehren

ihn zu ersuchen den Mülleimer

zu leeren – Müll in einem Plastiksack

geworfen

zwischen der Abwasch und der

Zugangstür.

Kein Wunder/ sie hat den Geruchsinn

einer Katze

aber der Künstler in ZZ runzelt nur

die Stirn über solch nasale

Überempfindlichkeit

als würde sie andeuten

er hätte seinen Penis nicht

entsprechend gewaschen

und er stinkt:

<Du kannst zu den Tieren auf

einen Bauernhof in der Nähe geh'n>

spukt sie die Worte aus –

<und zusammen mit ihnen stinken.>

Er lacht laut auf

erhebt sich und beeilt sich den

Müllsack in seiner Küche zu

entleeren

nur um rasch wieder

zurückzukommen

an der Zeichnung weiter zu

arbeiten

an einer Skizze

die er gestern gefertigt hatte:

Dies wird eine zweite Studie

zu einer größeren Leinwand

von 1,6 x 2,0 Meter

die er in der Küche hängen wird

um seine Domäne zu markieren

wie ein Hund – Dionysos/ der Hund

mit Verstand

und obendrein mit künstlerischen

Bemühungen.

Heute/ am letzten Tag der

Sommerferien. Ende August.

Zeit/ seine eigenen Bemühungen

zusammenzufassen

von April bis zur Gegenwart

um Bilanz zu ziehen:

ZG/ der Künstler gegen

ZZ/ den Poeten.

Aber es ist nicht seine Kunst

Worte zusammenzusetzen

dasselbe als der Bic von ZG

über leeres Papier rollt

das er mit Aquarellfarben

verfeinert

die Objekte verschärft mit

Feinliner-Spitzen –

eine neuartige Verschmelzung

freifließender Schichten

mit einem Kontrast von

scharf-definierter Geometrie?

Je mehr ihm seine Ehefrau

Beschimpfungen an den Kopf

wirft

und ihren groben/ irritierenden

Tanz aufführt

desto mehr Ideen mit einem

inkongruentem Gewebe

werden auf seinen Seiten

erscheinen und schütteln seine

künstlerischen Bemühungen auf

von Kopf bis Fuß

als er die Wahrheit umfasst

und die Wahrheit wird definitiv

weh tun.

Aber die Wahrheit fordert

zu immer neuen Verschmelzungen

von winzigen Darstellungen

einer Mikrospezifikation

kosmischen Staubes

während Gedanken wie Tau

von Blatt zu Blatt träufeln

und im Crescendo des Moments

wie ein Tropfen Lava in ein

eisiges Meer

gefolgt von glühendem Steinschlag

und dem scharfen Geräusch

hissenden Dampfes

der zum Himmel schießt

und Landschaften von

inspirierenden Wolken malt.

Das Verbrennen eines Menschen

eine Fackel des Schmerzes

und der Leidenschaft

die große Aufgeregtheit

die auf einer Abwärtsspirale

zum Zerfall seines Lebens jault.

*

8.
ABUL – EVOL

Es ist unmöglich

seinen Ehepartner

von der eig'nen Freiheit

zu überzeugen

als Bio-gekennzeichnete Produkte

zu konsumieren

hängt doch alles vom eigenen

Stoffwechsel ab –

So sagt er

während sie auf einer strengeren

Diät lebt als er.

Natürlich mag sie den Geruch

von Vollmilch/ Camembert/ und

créme fraiche nicht.

Nun während das Wetter sich

nicht entschließen konnte

etwas ruhiger zu werden

haben sich viele verregnete Tage

etwas zurückgehalten

und verschwanden schließlich.

Es ist Zeit den Bus

zur Bahnstation zu nehmen

zur U-Bahn zuzusteigen

die teilweise hoch über Geschäfte

verläuft

die in den Bögen aus Stein und

Mörtel eingebaut sind

Viadukte genannt –

Nur fünfzehn Minuten Fahrt

zur Wien-Mitte

wo Ara Kosmetikprodukte

besorgt

während der Künstler seinen

müden Körper schleppt

zur gelben Bank mit ihrem

gelb-schwarzen Emblem

das einem ein eigenartiges Gefühl

bietet

wenn man an die unterdrückende

Vergangenheit denkt

die sich mit einem ihrer

übriggebliebenen Tentakel

kristallisiert hat

und ZZ noch nicht zu einer

anderen Bank wechselte

die er bereits in Betracht zog

obwohl er die freundliche Hilfe

von Mel sehr schätzt

ihre offene Art sehr mag

da sie ihm früher stets geholfen

hat / besonders als er ein Konto

benötigte

neuangekommen in Wien

von zufälligen Ereignissen sehr

gedrängt

wo seine Zukunft und die

seiner Gattin auf dem

sprichwörtlichen Faden des

Gleichgewichts hing.

Aber seitdem lag eine andere

Allee eines assoziierten Gartens

des Geistes

hinter den Toren des Stadtkerns

das sich geöffnet hatte

jenseits seines Ghettos
einer unfreiwilligen Position
in seinem Leben –
getrennt von verbliebenen
Familienmitgliedern
und seinen besten Freunden.

Er erwartet einen Mann
der sein Freund ist
aber viel umfassender: einen
verlorenen Vater/ einen
verlorenen Bruder/ unabhängigen
Inhaber eines Kunstladens
der die Kunst des ZZ schätzt
da er die Kunst seines Vaters
gegen das Vergessen
ausstellt.
Eines Tages könnte er ZZ
mit seinen zahlreichen
Mitarbeitern und Freunden
in Kontakt bringen
mit einem Kreis von Schönheiten

die er um sich versammelt
wie in einem Reigen seiner
Lustprinzipien.

T für Tee/ Abstinenzler/ Schatzsucher
Toastmeister/ Lehrer/ Team Tommy
Vertrauter T/ Nummer Zwanzig
Im deutschen Alphabet
Taff in Griechisch/ Tamas auf
Ungarisch –
Mehrsprachig im Handel
Liebhaber
Aber kein Trinker wie C. Parker
Professor für seine kaufmännische
Taten.
Seine Freundin Luba Abul spricht
mit leuchtenden Augen
wie: Nofretete.eteterfoN –
über ihren Sprachlehrer
der eine Frau in der Unterwelt liebte
im eiförmigen Entwässerungskanal
einer Stadt

der die Liebenden verband
in einem riesigen Netzwerk
von unsichtbaren Routen
unterhalb der Hauptstraßen
der unterdrückenden Oberwelt.
Die Adern wirken wie ein Fluss
auf dem sie
in ihrem Liebesboot treiben –
ZZ spricht von Romeo & Julia
einige Funken zünden seinen
Geist
Prokofjews Musik pulsiert
in seinem Kopf
berührt Lubas sinnliche Saite
trotz ihrer Anwesenheit
nur für einen Kaffee.
Doch ZZ hätte einige
intime Stunden verdient
aber sein Freund würde nun
diese konsumieren.
ZZ bittet sie
einen Schluck zu probieren

und sie mag seinen

Pfirsichschnaps

LUBA-LOVE   ABUL-EVOL.

Eines Tages wird er sie treffen

im Unterwelt-Kanal

der Liebe.

*

9.
WU – Wien und Umgebung

Aus der Einsamkeit kreativer Arbeit

im Erbe des grünen Vororts von

WU-Wienerwald/ WU-Wunderbar

Wien und umliegende Orte.

Im Herzen des Stadtkerns

wo große Dinge passieren

in den Räumen vom Art-Forum:

geistige Konfrontationen

inert in der Kunst von A. Frankl.

Der wortkarge Mann der im

Café Hawelka sitzt.

Der seine zeitgenössische Serie

von Frauen mit Tierköpfen

zeichnet –

Tierfarm in bildlichen Szenen

nackte Musen an Tischen mit

Marmorplatten –

eine ziemliche Assoziation

von Gedanken

die der Künstler

auf der Suche nach der Wahrheit

wiedergab

mit einem Stück Gugelhupf und

einer Tasse feinen Kaffees.

Ara sagt: <Es ist wichtiger für ZZ

seine Lyrik zu schreiben

als ihr mit den täglichen Aufgaben

zu helfen:

wie das Öffnen von Jalousien und

der Eingangstür und dem Fenster

den Bedsitter am Morgen zu lüften.>

Aber ZZ mag die feucht-kalte Luft

nicht

kurz vor einer Tasse Melitta-Kaffee

und bevor er sich in seiner täglichen

Standardkleidung wohlfühlt.

Egal wie schwer es ist

mit Ara umzugeh'n

so wie es unmöglich ist

einem alten Hund neue Tricks

beizubringen

Er/ der alte Hund sagt:

<Priorisiere die Hauptzutaten für

gutes Zeitmanagement

in Bezug auf die Person

die die Aufgaben zu erledigen hat

in Übereinstimmung mit der eigenen

Perspektive der Person

oder des Künstlers.

Manche sehen in T einen Egoisten

loben dennoch seine angenehme

Persönlichkeit

und sagen dass er ein großartiger

Chef ist

für den man gerne arbeitet.

Andere sehen ihn als einen

erfolgreichen Besitzer eines

Kunstladens

der durch das künstlerische Erbe

seines Vaters gegründet wurde

und wieder andere sehen ihn als

eine Figur auf der Bühne des

Stadtlebens

wo das Sprichwort sagt:

Das gold'ne Wiener Herz –

es gibt noch immer Mitglieder

dieser Tradition

das Mitgefühl der Stadtbewohner

die ihre Empathie-Gene

der nächsten Generation

weitergegeben haben.

Da gibt's noch viele Dinge

die ich sagen und fragen

und zu einem Abschluss

bringen möchte.

Es gibt noch etliche Dinge

die ihren Platz in der Vorderreihe

der Sinne haben.

Aber als L von T geküsst wird

denke ich an Juliet Prowse

die schöne Tänzerin und

erfolgreiche Schauspielerin

die während ihrer Show

den Künstler ZG küsste –

ein Akt von seinem geselligen

Freund Dr E arrangiert

dessen Portrait sich mit dem

Gesicht seines neuen

Freundes T/ verschmilzt.

Und das Gesicht von L verschmilzt

mit dem Gesicht von Ana –

der bedeutendsten Muse von ZZ

die um ihn herumtanzte

als er sie zeichnete/ sie beschrieb

sie malte/ in ihrer schönen

Nacktheit/ Aphrodite von Knidos

zum Leben erwacht.

Ein weiterer Morgen: Freitag.

Zeit: 7:15 Uhr.

Bald ist's Zeit zu gehen

und Amed von der

deutschen Aussprache etwas

beizubringen.

*

Lilly, Amed, Mr T, ZZ, Muses und bekannte Gesichter

10.
AMED

Während er bei Di Suns Türe

ankommt

klopft er mit seinem Stift

auf die verglaste Eingangstür

und wartet auf Ameds erscheinen

um ihm die Tür zu öffnen.

Mittlerweile liest er in seinem

roten Notizbuch eine Skizze zu

seinem Roman *Thrill and Anguish* –

Quest for a Return.

(Nervenkitzel und Agonie –

Das Streben nach einer Rückkehr).

Hier zu sein ist ein Teil davon

und zwar ein enormer Teil:

Amed Unterricht in Deutsch geben

am schwarz gebeizten Tisch sitzend

beobachtet ZZ wie Eltern ihre Kinder

zur Volksschule begleiten

dessen Eingang nur einen Steinwurf

weit gegenüber

von Di Suns Fenster ist

als Mütter in größerer Zahl erscheinen

ihre Töchter zum Abschied küssen

mehr Mädels als Jungens

jedoch einige Väter mit ihren Söhnen.

Amed serviert einen Teller mit

ägyptischen Süßigkeiten

mit Honig zubereitet und mit

Pekan-nüssen angereichert –

köstlich!

Er muss noch etwas Teig für Pizzas

zubereiten

und der Unterricht wird sich um nur

fünfzehn Minuten verschieben

bis er bereit sein wird.

Amed – fleißig/ höflich in seinen

abrupten Reaktionen

küsst die Wangen des Poeten

mit Intuition

und gibt seinem Lehrer eine

Banknote

Die ZZ verweigert

aber Amed besteht darauf:

<Du bist wie ein Vater> sagt er sanft

und platziert die Banknote in die

Jackentasche von ZZ.

Dies ist willkommen

Aber ZZ ist über Ameds Emotionen

besorgt

einen älteren Künstler

in seine Familie aufzunehmen.

In der Tat

dieser schlanke junge Mann

aus Ägypten hat mehr Liebe zu

geben als des Künstlers Ehepartner.

Sein Fortschritt im Lesen von

deutschem Text hat sich verbessert

und ZZ wird sich der Herausforderung

stellen

Amed auf seine Prüfung vorzubereiten.

Außerdem wird Amed den Künstler

zu SOMA fahren

während seine Kollegen noch weg sind

um schlechtes Gerede zu vermeiden.

Sanftmut und Liebe zwischen Männern

werden immer noch diskriminiert

da jedoch ZZ nicht gleichgeschlechtlich

orientiert ist

ist er trotzdem froh Amed zu helfen

ein 300 Seiten langes Buch über die

Regeln der Straße

und die Art und Weise der Prüfungen

in Österreich durchzuarbeiten.

Diese sind erheblich erweitert worden

seit der Zeit wo ZZ sein Examen

für den Führerschein absolvierte

da es nun durch eine Mehrfachauswahl

von Antworten gehandelt wird

die auf einem Computermonitor

aufscheinen.

Amed hat immer noch Schwierigkeiten

die Fragen auf Deutsch zu lesen und

zu verstehen.

ZZ will es für ihn einfacher machen.

ZZ/ der Lehrer

der seiner Künstlerhaut entschlüpft ist

um zu helfen.

Amed ist dankbar.

Joghurt kaufen/ Kekse/ Orange Juice

Müsli/ Käse und Semmel/ Vollkorn

Roggenbrot/ Früchte/ für zehn Bob

schließt sogar noch einen

Mohnkuchen ein!

Das Essen wird für zehn Tage reichen

und ZZ wird es gut gehen.

Ausgerechnet jetzt geht es um die

Anschaffung eines Computers

aber sein Ehepartner ist in letzter Zeit

dagegen

und er muss es alleine schaffen

wenn sie mit einer finanziellen Hilfe

dazu

nicht einverstanden ist

die sie ihm aber vorher zugesichert

hatte.

Aber nun/ da ZZ seine persönlichen

Schulden an Mr T zurückgezahlt hat

blieb ihm kein Geld übrig.

Ara/ die Anteil hatte an diesen

Schulden –

um Essen für beide zu kaufen –

weigerte sich die Hälfte dazu

zu zahlen

auf Grund ihrer Bemühungen

die rückständige Miete für ihre

ehemalige Wohnung in Athen

durch das Auflösen ihrer Möbel

bezahlt zu haben.

Als sie für ihr nächstes

Einkommen

Ende September warteten

könnte ZZ dies die erste Teilzahlung

für seinen Laptop ermöglichen.

Er freut sich schon darauf

seine Manuskripte auf sein Gerät

zu übertragen

und diese einem lokalen Verleger

zu übersenden

den er schon telefonisch

kontaktiert hatte.

ZZ liest in seinem Buch über

Jiddische Phrasen nach

und er schreibt:

<Da lebt a Mensch!>

Über seiner Tür ist nichts geschrieben

aber seine *Mezuzah* ist in seiner

Domäne

auf der längeren Küchenwand

die mit seiner Kunst vollgehängt ist

mit seinen Glückssätzen

seiner Einweihung eines

vorübergehenden Zuhauses.

T/ ist ein Teil von ZZ/s Mischpoche –

seinem erweiterten Familienkreis.

Einmal scherzte ZZ mit Dr E/ dass alles

was sie voneinander körperlich

unterscheidet/ ist/ dass sein Freund

beschnitten ist.

Daher das Wortspiel in *The Joys of Jiddish:*

<Der Rabbi bekommt die Gebühren

aber es ist der *Mohel* (Beschneider) der

alle Trinkgelder erhält.>

So/ ZZ erzählte seinem Freund T

als dieser nach dem Befinden seiner Frau

fragte:

<She mutches me and I mutche along.>

(Sie belästigt mich und Ich gehe halt so lang).

*

11.
Der Geist eines Engels

Ich bin mir bewusst als Mensch –

sagt ZZ

und schlüpft aus seiner

Protagonistenhülle.

Jene Tage im Overdrive des Gaumens

zu viel Nahrung auf einmal.

Der junge Mann aus Ägypten

sehnig gebaut

sinnlich geschwungene Lippen

aus pharaonischer Zeit

bäckt Fladenbrote und setzt

köstliche Leckerbissen zusammen

die Sinne verführend.

Von Männern angezogen

ist er wahrscheinlich ein

engagierter Freund

jemand

der in Kontakt kommt

mit seinen Gefühlen/ Begierden

und Träumen

obwohl er sich geoutet hatte

auf metaphorische Weise

behutsam

wie eine Katze auf sanften

Pfoten.

Ich bin in die Rolle eines Tutors

für Deutsch geschlüpft

einer Sprache uns beiden fremd.

Außerdem/ mit seine Neigungen

gleichgeschlechtlicher Art

ist er bestrebt die Homoerotik

eines jeden Mannes anzuzapfen

und folgt wie ein Hund der Fährte

von Hündinnen.

Aber er benimmt sich gut

Und befolgt die Regel seiner

Religion

Spricht vom sozialen Engagement

und meint Liebe

die er vielen geben möchte.

Er ernährt seine Freunde und

Lehrer

die seine Großzügigkeit bremsen
müssen.
Der junge Mann
der aus den Papyrusrollen der
Pyramidentexte zum Leben
erwachte.
Der Bote aus der Antike
der mir den Glauben signalisiert
das dass Labyrinth existiert
als er es einmal erspähte
mit nur einem heimlichen
Blick.
Ich habe niemals geglaubt
dass Begegnungen mit Menschen
auf reinem Zufall beruhen.
Aber auf der Suche nach der
Wahrheit
scheint es oft ein Umweg von der
Straße in die gewünschte Richtung
zu sein
mit etwas Unmöglichem oder
Trivialem

einem unwichtigen Gespräch

oder einem Tohuwabohu.

Aber der Poet ZZ öffnet seine Augen

und spitzt seine Ohren

als seine Sinne sensibilisiert werden

wie feine Antennen.

Plötzlich steht er vor einem Berg

von Informationen

aus erster Hand

lebendig in einem Boten

gesendet von seiner vergangenen

Muse

dem Geist eines Engels

die Wahrheit durch ein Guckloch

zu erspähen

dem Tor zur Seele.

An der Seelentür.

Welcome.emocleW

*

12.
Aufs Neue

Lass die Erdenschwere

hinter dir

geh mit Leichtigkeit durch

den Tag

mit Kunst

und im magischen Prozess

des Kunstschaffens –

In der Kunst eines gedankenfreien

Bewusstseins

im Bewusstsein des freien Denkens

in einem Seelenflug

die Schwere der Schmerzen des

Alterns verlassend

unmöglich zur Erde zurückzukehren

die verwüstet wurde

nicht allein mit Bergen von Müll

sondern auch durch seelische

Katastrophen

Ignoranz

und Unmenschlichkeit

die viele Anrufer mit einer Gewichtung

von sozialem Gewissen

dies auf den Zweiten Weltkrieg

beziehen.

Aber dann hast du nicht die Absicht

die Windmühlen der Bürokratie

zu bekämpfen

mit seinem Dschungel widersprüchlicher

Verordnungen

wie der wachsende Abfallhaufen

im ewigen Kampf ihn abzubauen.

Finde die Nadel der Menschlichkeit wieder

im Heuhaufen des Planeten

Aufs Neue.

Again.niagA

*

13.
Hinten nach Vorne

Das Geräusch fallender

Kastanien

die von dunklen Felsen

abprallen

mit dem Murmeln des Bachs

das steigt und fällt

wie die Rock'n Roll- Klänge

vom Kopfhörer

unglaubliche Interpretationen

der Realitäten

eines nicht vertrauenswürdigen

Künstlers.

Gesichter wie Kieselsteine

in stillen Seen

zwischen künstlichen Wehren

menschengemacht

Baumstämme gegen riesige

unbehauene Felsen platziert

Gesichter wie:

Luba-Love/ Abul-Evol

Prokofiev-veifokorP

Putz-ztuP

Stup-putS

Pussen – Stuppen –

Worte/ die er sammeln möchte

für seine ausstehenden Sonette

ailuJ & oemoR – Romeo & Julia

zu den Geräuschen und zum

Rhythmus

des Weidlingbaches

entlang einer Kastanien gesäumten

Promenade

Regibröh-hörbigeR

Nuf-fuN

Gnivol-lovinG

und für immer soll es

Glück bringen

Damit weitermachen…weiter.

Wie Dema-ameD.

Wie Ana-anA

*

14.
Auf dem Boden

Durch Umstände

an den Rand einer Stadt

geworfen

reich an Kultur und Tat

in die Einbeziehung einer

Menschenmenge

auf eine Kiste aus Stahl

und Plastik geklettert

für einige Lebensmittel

mit abgelaufenen Datum

aus Geschäften der

Wohlhabenden

leicht erhältlich:

Di/ Do/ und Sa/ für ein

paar Bob –

einige ziemlich gute Sachen

hält einem am Leben

und Laufen.

Neben einer tätowierten

Sozialhelferin

lebhafte Frau

mit einem Herz aus Gold

sich um guten Kaffee kümmert

mit einiger Erfahrung

in der ständig wachsenden Welt

der sozialen Außenseiter

und Außenseiterinnen

der einst gut-positionierten

Landstreicher

für die herrschende Masse

wie auch immer…

Der Künstler gibt viel mehr

als er bekommt

um ihn am Leben zu erhalten.

Wie einen Büffel melkt sie ihn

ihn zum Affen macht

füttert ihn mit Erdnüssen

als Preis –

Das bittere Lied vom

Samstagmorgen

nicht ganz verzweifelt

wieder nach Essen

da Amed den Künstler

ernährt

seine durchtrainierten

Oberschenkel bewundert –

aber warum nicht als Künstler

das Pfund Anerkennung

statt eines Pfundes Fleisch?

Selbstsüchtige

egozentrische

umwerbende Massen

für Rap-Funk

Jazz-Klassiker

In einem dichtgerührten Topf.

Der Künstler malt

und doch weiß es keiner

bis auf einige Freunde

außer dem Mann

sanfter Redensart

der den gelben Davidstern

noch auf seinem Herzen

trägt.

Der Künstler blutet auch.

So lieben die Menschen

noch immer Brot & Spiele

Blut auf dem Teppich.

Samstag. Sabbat.

Tag der Zahlung im September.

Regen und Kälte

aber dem Geld nachgeh'n

das Geld mit dem Ehepartner

teilen

Schulden an Herrn T zurückzahlen

der es liebt

den Poeten als seinen Sohn

vorzustellen.

*

Gedanken an 9/11/ Muse Ana.
Reise zu den Sternen

15.
Ende September

Frühe Dunkelheit.

Freitag. Abend.

Beginn des Blues.

Argumente über gegenwärtige

Unvereinbarkeiten des Lebens.

Ara rollt ihren ausgelaugten Körper

in ihrem provisorischen Bett

zusammen

in einem Wollmantel gehüllt

in diesem Bedsitter

von keiner anderen Wahl

wo eine frühe Erkältung

und Armut eines Poeten mit

mächtigen Bytes konkurriert –

wo rhythmische Pop-Musik

für einen 45-Minuten langen

Walk erklingt:OE3/ OE4

als Wahlmöglichkeiten

nach eigener Stimmung

ganz nach deinen Wünschen.

Alles für dich.

Geführte Debatten über die

Prinzipien im Eheleben

sind schon lange hinter sich

gelassen/ flammen auf

und schwären in einem

verwundeten Verstand.

Der Künstler malt

zarte Gesichter

tanzende Körper

seiner Musen und Nymphen

gegen das hart-gemeißelte

Gesicht

eines gebeugten/ alten Mannes

eines langbeinigen Kranichs

majestätische Skulpturen in weiß

gegen das trübe Wasser eines

sanft-fließenden Baches.

Graue Flügel wie vorbeiziehende

Wolken

einer bitteren Überflutung

feinen Sprühregens

das die Haut verätzt

und die Straße befleckt

wo eiserne Grashalme einen

in die Hälfte schneiden –

wie die Erinnerung an eine

Liebe.

In ihrem besten Alter wurde

sie abgerissen

wie eine erstklassige Frucht

vom Baum der Leidenschaft

doch niemals aus der Seele

ihres Geliebten

auch nicht

wenn wir vom schwarzen

Totenkopf des Raben getötet

worden wären –

während warme Decken über

dem feuchten Meer

einer duftenden Gartenterrasse

schweben

auf der Riviera-ähnlichen Küste

mit gemütlichen Einrichtungen

in den südlichen Vororten Athens

auch wenn Piet mir

schlechte Nachrichten sendet

über mein gesperrtes Konto

im Afrika des Südens.

Und während Amed

Ägyptische Speisen bäckt

mit köstlichem Rundbrot

dekoriert mit Fisch

Zwiebel wie Haarlocken

gebräunt in roten Säften

zwischen feurigen Schoten

von farbigen Paprika –

wie herrlich und nahrhaft ein

warmes Gericht zu erhalten

an einem kalten und zittrigen

Mittag

In einer engverbundenen

Gemeinschaft

am Rande einer riesigen und

berühmten Weltstadt.

16.
Eine Tasse illy-Espresso

Keine seltsamen Schwingungen

oder störende Geräusche

aber die Stille der blauen

endlosen Ausdehnung auf einem

Dachgarten

welche seine steile Dachneigung

weggeschnitten hat.

Schornsteinschlitze haben

tiefliegende Augen

glücklich-grobe Ziegelgesichter.

Molly und ihr Mann aufgemotzt

von steifen Brisen abgehoben

tanzen wie bunte Fäden

in ein endloses Universum.

Aber kontemporäre Klänge

aus dem Realm der Kopfhörer

einer Verschmelzung der Lieder

im Remix-Stil

neuer Kompositionen

frei von strengen Maßstäben

Sanduhrfiguren sinnlicher Musen
von einem außergewöhnlichen
Liebhaber gesandt:
einst eine Muse selbst
eine Gesprächspartnerin und
eine beste Freundin
eine fürsorgliche Mutter
eine verlorene Schwester und
eine erotische Seelenverwandte
die ihre tiefen Schichten
des Bewusstseins teilte
selbst für den Ehepartner
unzugänglich.
Kein rauschender Lärm
vorbeirasender Fahrzeuge
wie akustische Brickbats in eine
verbale Kakophonie
eines wütenden Nachbarn
hineingestoßen.
Aber ein Ehepartner durch den
Prozess eines endlosen Fegefeuers
umgestaltet

bietet dir eine heiße Tasse

illy-Espresso an

sogar ohne Zucker

süß wie Liebe

einmal am Beginn.

*

Entlang des Weidlingbachs – Die Welt

17.
Mädchen aus Bangladesch

Musen leuchten auf

Gesichter

die sich an den verglasten

Fassaden

wie Ameisen mengen

der Eingang belagert

eine Busladung Studenten und

Künstler

inmitten der kunstbegeisterten

Menge

ein kurzer Rundgang bevor

die Festreden beginnen.

Ein paar Künstler treffen auf

etwas Neues

zumindest fesseln sie ihre

Zuschauer

und bald von allem gelangweilt

wandert ZZ weg

um Frohners expressive Kunst

zu sehen

in denen er die Brutalität und

inert erotische Kraft

zu schätzen weiß.

Von Durst getrieben wandert er

umher

in die Unterwelt der Kunst

in Kisten verpackt

wo er sich ein Glas Wein holt

und auch etwas Brot bekommt

ein Mädchen mit braunen Augen

beobachtet:

Ana als junge Künstlerin?

Ich lasse ZZ an der Bar

sprich zu ihr als ZG/ der Künstler

der kein Glück hatte

es in die Endphase der Auswahl

für den Wettbewerb zu schaffen

bei diesem zeitgenössischen

Kunstereignis.

<Ich kenne dich mein ganzes

Leben lang

das Mädchen von nebenan

das ich zum Lachen brachte

das Mädchen von nebenan

das ich auf einem Treppenabsatz

hochgehoben habe

einen Blick auf die Welt

draußen zu werfen.>

Sie will sich mit mir

fotografieren lassen –

das Mädchen von nebenan.

Ich zerbreche ein Glas

rasch auf den Boden gestellt

ich mache ein Selfie

sie betrachtet meine Malerei

die sie kommentiert.

Das Mädchen von nebenan

ist wie eine Schwester

Jemand Besonderes.

Wirklich.

Wir reden bis sie gehen will

ich bringe sie zum Zug.

Das Mädchen von nebenan

macht ein Video

lässt mich über das Leben

sprechen.

Ich möchte sie wiedersehen

sie zeichnen

sie malen.

Sie lässt sich von mir malen

während sie spricht.

Der Zug fährt ein

sie geht zum Zug mit ihrem

Ticket

das ich ihr kaufen wollte.

Wir werden für mehr zurück

sein

werden wir?

Das Mädchen von nebenan.

Das Mädel von Bangladesch.

*

18.
RINI – INIR

Kunst in Kisten verpackt

wie in einem Kryolabor

konserviert die Seele des

Künstlers

für immer.

Ich nehme Platz am rosa

Segelstuhl

neben einer jungen Frau

sonnengetönt

begrüße eine Künstlerkollegin

die düsteren Bilder von Frohner

und Nitsch vergessen

tanzen wir auf einer Welle der

Seelenverwandtschaft

die östliche Blume öffnet sich

zum Schnuppern

sie riecht nach mythischer

Geschichte

die in ihren dunkel-braunen

Augen erglänzt

das Mädel gesendet von

einer geliebten Muse –

Ana hat sie mir gesandt.

Betrachtend meine freie Kunst

sie mag meine Art zu malen

ein Prozess von Anfangszwängen

zerlegt und befreit durch

freie Malerei

auf einem kurvenreichen Weg

der Selbstverwirklichung

durch Kunst.

Orpheus in der Unterwelt

zwischen dem Labyrinth

eingeboxter Kunst und den

endlosen Windungen

der Seele.

Die 655 Künstler

haben die Handabdrücke

ihrer Herzen eingereicht.

Ich frage nach ihrem Namen –

Rini –

Ich sah tief in ihre Augen.

RINI – INIR

Von nun an die jüngste Muse

in der späten Phase

meiner Existenz.

*

19.
HAUT und LIPPEN

Ich erzählte ihr eine Story

sie aktivierte ihre Digi-Cam

<Ich möchte ein movie machen>

sie lächelte

<wie Pier Paolo Pasolini>

richtete ihre Kamera auf mich

während wir in der Nähe einer

Stadt entlanggehen

festlich beleuchtet zu ihrer

900-Jahrfeier.

Sie ermutigt mich zu sprechen:

<Ich bin ein Künstler

habe hier angefangen

reise entlang des Zero-Meridians

bis zum Ende der Zivilisation

fand den Ort wo der erste Mensch

wohnte

Ursprünge von Alta Mira

abgeleitet von den Höhlenmalereien

bei Clanwellan

im westlichen Kap Südafrikas

nachdem die dicke Eiskruste

geschmolzen war

der Mensch zu Fuß ging

für Selbstverwirklichung malte

so wie wir auch –

unterhalten uns im Keller –

Höhlen des Museums Essl

zwischen konservierter Kunst –

Holzboxen in Farben von

grün und blau/ während wir

malen:

orange/ rot/ blau und violett

und siena

aber dann ist die

staubverschmutzte Welt

noch immer uns're Auster

und ich träume von ihrem

Bein/ hochgehoben

Ihren Körper/ nur bedeckt mit

einem Slip

sie wird sich an der Kunst

des Hedonismus erfreuen

auch wenn sie sich ausstreckt

über ihr riesiges Zeichenpapier.

Zeichentisch.

Leinwand.

Kamera.

Augen und Ohren.

Haut und Lippen.

*

Liebespaar am Vivenot-Weg

20.
ALBERT

Sie erzählt mir die Geschichte

ihres Lebens als Künstlerin

Studentin von einem fernen Land

dunkeläugig

mit einem offenen Lächeln

Videos von Festlichkeiten

eine bunte Einstellung zu ihrem

Dasein

ein Kreis von Auserwählten

vernetzt mit ihren mobilen

Geräten

Ausstellungen besucht

Veranstaltungen mit Signaturen

für ihre Bücher

die leichtfüßigen Boten von Toth

Hermes –

beflügelte Geister

in ihrer kreativen Arbeit

berühren den betagten Künstler

dessen Geist sich mit ihrer

potentiellen Liebesgeschichte

vermischt

die sie auch in ihre Portraits malte

während er dies schon in

prophetischer Erwartung

getan hatte

über Seelenbindung spricht

mit Fingerspitzen über ihre Lippen

der philosophierende Bruder:

Albert –

Gesprächspartner mit poetischem

Sinn/ über die imaginäre Welt des

Künstlers:

geisterhafte Suche nach der

einzigartigen Artikulierung der

Wahrheit –

des Malers magische Tupfen

farbiger Emotionen

die ihre widerhallen:

orange/ blau/ weiß/ und gelb/ zu

ihren warmen dunklen Augen.

21.
Der musikalische Spaziergang

Ich flaniere täglich

Den Weidlingbach entlang

zum Gemurmel seiner variierenden

Kantaten

betrachte Gesichter einer Vielzahl

von Künstlern

in Monologen über Schönheit

zu anderen Zeiten wahrgenommen

aber eiligst zurückgelassen.

Ein besonders schönes Gesicht

mandelförmig

hellere Schattierung einer dunklen

Muse/ ihre Features einem

blassen Marmor gegenübergesetzt.

Gender-Tanzbewegungen

der zwei Musen

werden wieder lebendig und

ein Dreiklang der Liebe

des Poeten Seele berauscht.

Warum sollte es entlang

floaten

sprudelnd

entblöß wie flüssiges Glas

und an seiner natürlichen

Wehr

weggeworfene Spiegel

von nie-endenden Emotionen

aufrühren?

Das Licht von einem

Pole-Dance aufzippen

DU MUSE

erweckst eines Poeten

süße Gefühle

die sich in uns weiter

fortsetzen

zum Besseren der Worte

der Liebe sanfte Art

sofortiger Kommunikation.

Und wenn ich auch meinen

Weg verliere

im Dickicht der Bachweiden

werde ich meine Worte der

Liebe

in seine Haarsträhne heften

das sein kristallklares Wasser

anschwellen lässt und meine

Botschaft

zum Ufer deines Körpers trägt.

Egal wie –

es verwandelt sich in einen

Zyklus von Instagrams

die über die Monitore

uns'rer Sinne fegen

die von Tagen erzählen

wo wir uns nahe waren

ohne Gesichtsmasken

die wir auf leeren Straßen

tragen

während uns're Körper

hinter dem Dekor von

Muscheln zurückblieben

im warmen Sand der Strände

die wir einst teilten.

Fin.

Der Poet/ Holzkirchnergasse, Klosterneuburg.

Über den Autor

Geboren im mittleren Burgenland, nahe der ungarischen Grenze, hat er als junger Mann, die Schrecken der diktatorischen Unterdrückung einer Nation erlebt, die der Auslöser für die Ungarische Revolution im Jahr 1956 wurde. Er beendete seine Ausbildung in Kunst und Architektur in Wien, heiratete und nahm einen Dampfer zum Kap der Guten Hoffnung, nach Afrika. Ein Abenteuer das ihn seit seiner Kindheit verfolgte. Er hatte Tiere von Afrika für seine Kunstkurse gezeichnet, aber nun war es an der Zeit diese in ihrer natürlichen Umgebung zu sehen.

Er begegnete einer Palette von verschiedenen Menschen und Kulturen, arbeitete als Zeichner in einem Ingenieurbüro, als Architekt für ein Kulturzentrum, als Koordinator für Handwerker und Professionelle. Von seinen Sprachkenntnissen konnte er während seiner Reisen durch das südliche Afrika guten Gebrauch machen.

Während einer Reise durch Lesotho, zeigte ihm ein lokaler Künstler Felsenmalereien mit ihrer starken überzeichneten Konturen, die charakteristische Bewegungen der Tiere und Menschen darstellten. Es hinterließ auf ihn einen bleibenden Eindruck und beeinflusste seine künstlerische Arbeit.

Seine Zeichnungen und Diapositive wurden während einer Übersiedlung verloren, aber ein weiteres Studium des San-Volkes erweckte sein Verlangen, sich durch seine eigene Kunst auszudrücken. Er füllte Skizzenbücher mit Zeichnungen und Notizbücher mit Poesie und Prosa. Während einer erneuten Reise zu den Hauptstädten Europas, erlebte er, dass das Band der Kunst frei und grenzenlos ist, und sich über Kontinente in die Welt hinausstreckte.

Im Laufe einer Kunstreise durch Griechenland, wo er einen Kreis von Poeten und Künstlern kennenlernte, wurde er ermuntert seine Kunst fortzusetzen. Eine Poetin, die seine Gedichte kritisierte, lehrte ihn mehr Verständnis für die Werke berühmter griechischer Dichter, um seine eigene Ausdrucksweise weiterzuentwickeln.

Zurück in Südafrika, besuchte er Workshops von *Writers Write* für Schreiben und Poesie. Diese Interaktiven Tätigkeiten öffneten die Schleusen seiner Kreativität.

Er beschloss eine Reise nach Griechenland, um Stätten der Antike aufzusuchen, über die klassische Antike nachzulesen, und um Übersetzungen von griechischer Poesie und Prosa zu studieren.

In 2013/14 ließ er sich in Klosterneuburg-Weidling nieder, wo der Poet Nikolaus Lenau begraben ist. Franz Kafka hatte hier Zeit verbracht. Ihre Werke werden stets eine Inspiration für ihn sein.

*

Weitere Bücher vom Autor:
(Im BoD-bookshop als Buch oder E-Buch erhältlich)

In deutscher Sprache:
Der Fabrizierer – Leben und Tod für ein
                           großartiges Gemälde
König vom Eis – Eine poetische Legende
Zoras Fehler-Das Potential eines versteckten Irrtums

In englischer Sprache:
Acropolis – Book I Fervour
Athens Elegies – A Poet's Lament
Cantos Libidos – Love's Pure Emotion
Diary of an Aged April – a month in the life of a poet
                           on the southern hemisphere
Educating Pizzy – The Artist Evolves
Fighting Stance – Triangulation in Love
King of Ice – A Poetic Legend
Short Stories Part 1-From a Writer's Workshop B I/II
Short Stories Part 2 – Book III/IV
Short Stories Part 3 – Perpetual Eros
Spleen of Love – Zen and the Lake Moeris Adventure
The Fabricator – Life and Death for a Great Canvas
The Vivenot Elegies – Along a Murmuring Brook
Two Loves – Adventure in Eros
The Mill below Owl Castle – Z's Sentimental Education
Zora's Mistake – The potential of a hidden error

Anmerkungen:

Seitenzahl i: Der Poet in einer szenischen Seitengasse der Fußgängerzone in Klosterneuburg, kurz nachdem Covid19 Lockdown III. Die meisten Straßen waren menschenleer.

Glossar:

Prolog: San-Menschen – Stamm der Ureinwohner Südafrikas. Höhlenmaler. Beispiele in Clanwellan(Westkap), Drakensberge und Lesotho.

Seite 14: mystischer Realismus – Des Künstlers eigene Arbeitsrichtung.

Seite 17: SOMA – Sozialmarkt.

Seite 49: Raki – Kretischer Schnapps.

Seite 51: Herrods – Londons top Warenhaus.

Seite 68: Bedsitter – Wohn/Schlafzimmer.

Seite 102: Brickbats – Ziegelschläger.